ACKNOWLEDGMENTS

Publishing Director	Piers Pickard
Publisher	Tim Cook
Commissioning Editor	Jen Feroze
Illustrators	Andy Mansfield
	Sebastien Iwohn
Designer	Andy Mansfield
Print production	Larissa Frost,
	Nigel Longuet
With thanks to:	Jennifer Dixon

Published in March 2017 by Lonely Planet Global Ltd
CRN: 554153
ISBN: 978 1 78657 528 9
www.lonelyplanetkids.com
© Lonely Planet 2017
Printed in China

10 9 8 7 6 5 4 3 2 1

Lonely Planet Offices

AUSTRALIA
The Malt Store, Level 3, 551 Swanston St, Carlton, Victoria 3053
T: 03 8379 8000

IRELAND
Unit E, Digital Court, The Digital Hub,
Rainsford St, Dublin 8

USA
124 Linden St, Oakland, CA 94607
T: 510 250 6400

UK
240 Blackfriars Rd, London SE1 8NW
T: 020 3771 5100

STAY IN TOUCH lonelyplanet.com/contact

first words
FRENCH

TAXI

Illustrated by
Andy Mansfield & Sebastien Iwohn

hello
---
bonjour
(bon-jhoor)

ice cream
glace
(glas)

water
---
eau

(oh)

supermarket
supermarché
(soo-pair-mar-shay)

shopping cart
chariot
(sha-ree-oh)

cat

chat

(sha)

bus
---
autobus

(o-toh-boos)

dress
robe

(rob)

dog
chien

(shee-uh)

banana

---

banane

(ba-nan)

carrot

---

carotte

(ka-rot)

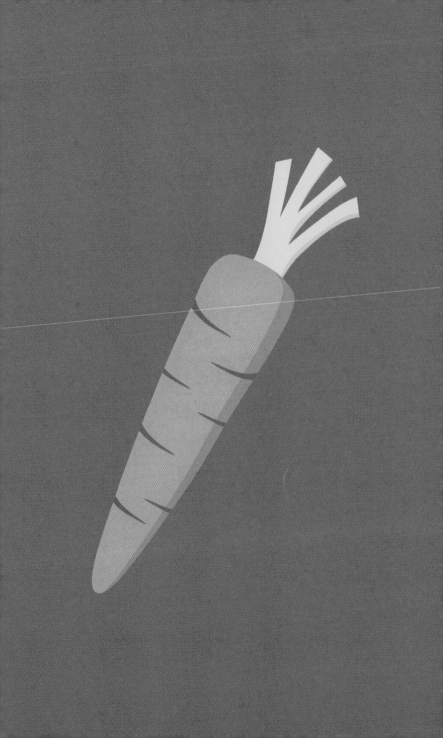

taxi

---

taxi

(tak-see)

t-shirt

t-shirt

(tee-shert)

fish
---
poisson

(pwa-son)

airplane
avion
(av-ee-on)

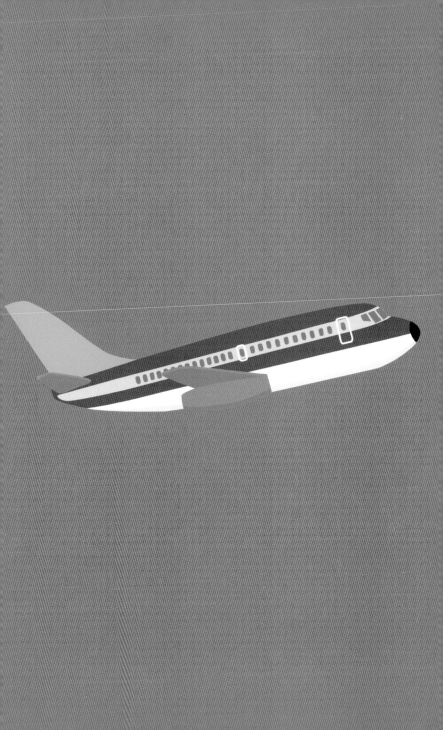

horse
cheval
(shuh-val)

french fries

frites

(freet)

swimming pool
piscine
(pee-seen)

rubber ring
bouée
(boo-eh)

$$\frac{\text{cheese}}{\text{fromage}}$$

(fro-mah-jh)

towel

---

serviette

(sair-vee-et)

doctor
docteur

(dok-ter)

apple
pomme
(pom)

worm

ver

(vair)

beach
plage
(plah-jh)

bicycle
vélo

(vay-loh)

airport

aéroport

(air-roh-por)

juice

jus

(jhoo)

$$\frac{\textbf{bakery}}{\textbf{boulangerie}}$$

(boo-lon-jher-ee)

shoes
---
chaussures
(shoh-sewr)

$$\frac{\text{phone}}{\text{téléphone}}$$

(teh-leh-fon)

post office

bureau de poste

(bew-roh duh po-st)

restaurant
restaurant

(res-toh-ron)

hotel
hôtel
(oh-tel)

milk
lait
(lay)

chocolate

chocolat

(sho-koh-la)

car
voiture
(vwa-tewr)

hat
chapeau
(sha-poh)

sunglasses
lunettes de soleil
(loo-net duh so-lay)

chicken

---

poulet

(poo-lay)

$$\frac{train}{train}$$

(tra)

station

---

gare

(gar)

toilet
toilette

(twa-let)

$$\frac{bed}{lit}$$

(lee)

house
---
maison

(may-zon)

chimney
cheminée
(shuh-mi-nay)

pants
pantalon
(pon-ta-lon)

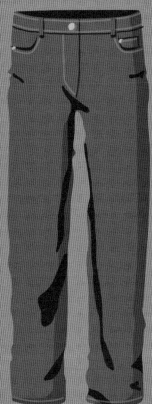

suitcase
valise
(va-leez)

plate
---
assiette

(ass-ee-et)

knife
---
couteau
(koo-toh)

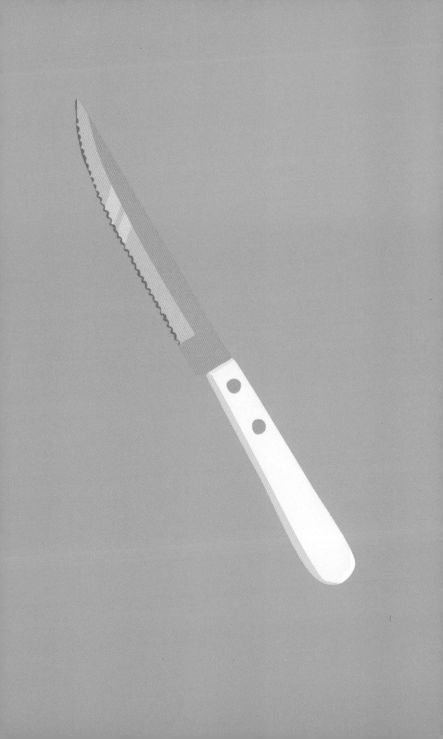

fork

fourchette

(for-shet)

spoon
cuillère
(kwee-air)

computer

ordinateur

(or-dee-na-ter)

mouse
souris
(soo-ree)

book
livre

(leev-ruh)

sandwich
sandwich
(sond-weech)

yes
oui

(wee)

no
___
non

(n-on)

movie theater
cinéma

(see-nay-ma)

park
parc
(park)

menu
---
carte

(kart)

La Carte

passport

passeport

(pass-por)

police officer

policier

(po-lee-syay)

key
clé

(klay)

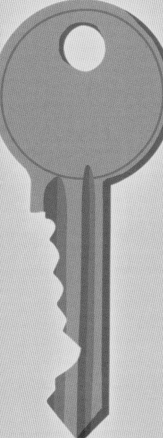

ticket
---
billet

(bee-yay)

pineapple

ananas

(a-na-nas)

rain
pluie
(plwee)

snow

---

neige

(neh-jh)

sun
—
soleil

(so-lay)

tree

---

arbre

(ah-bruh)

flower

fleur

(fl-uhr)

cake
gâteau
(ga-toh)

ball
---
ballon

(ba-lon)

bird
oiseau
(wa-zoh)

egg
œuf
(erf)

umbrella

parapluie

(pa-ra-plwee)

rabbit

---

lapin

(la-pa)

$$\frac{\text{money}}{\text{argent}}$$

(ar-jhon)

bank
---
banque

(bong-k)

mouse
---
souris

(soo-ree)

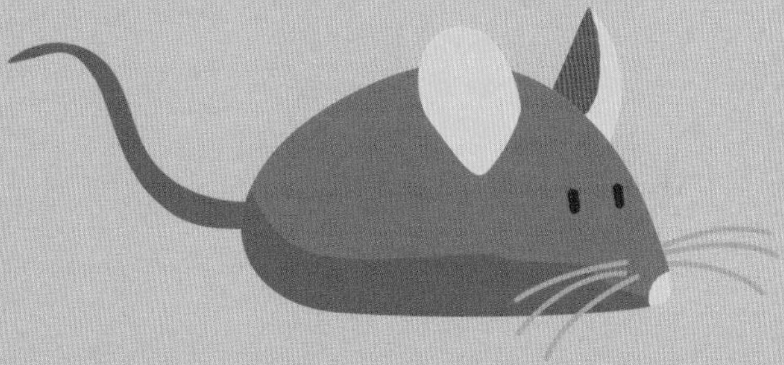

scarf

écharpe

(eh-sharp)

gloves

gants

(gon)

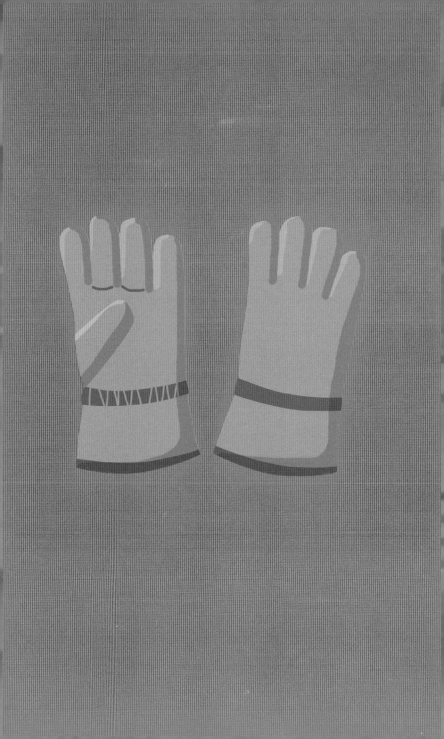

coat

---

manteau

(mon-toh)

hospital
hôpital

(o-pee-tal)

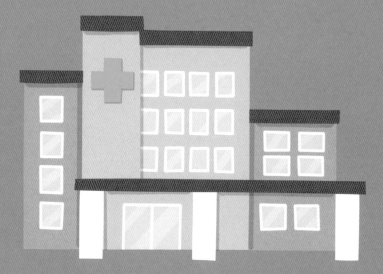

chair
---
chaise

(shez)

table / table

(ta-bluh)

toothbrush
brosse à dents
(bross a don)

toothpaste
dentifrice

(don-tee-frees)

sunscreen
---
crème solaire
(krem so-lair)

$$\frac{\text{lion}}{\text{lion}}$$

(lee-on)

elephant
éléphant
(eh-leh-fon)

monkey
singe
(san-jh)

spider
araignée
(a-ray-nyay)

$$\frac{\text{burger}}{\text{hamburger}}$$

(om-buhr-guhr)

pen
stylo
(stee-loh)

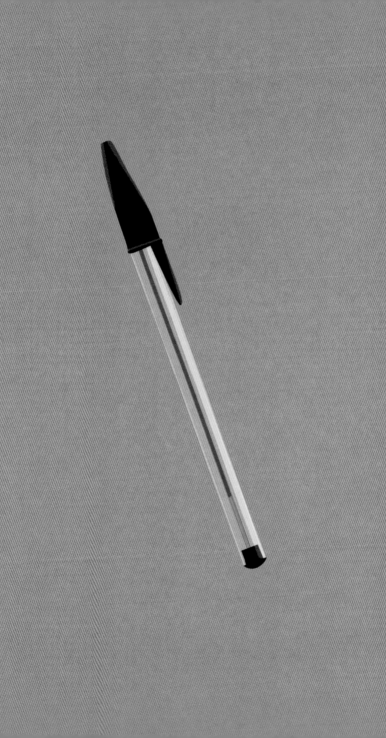

door
---
porte

(port)

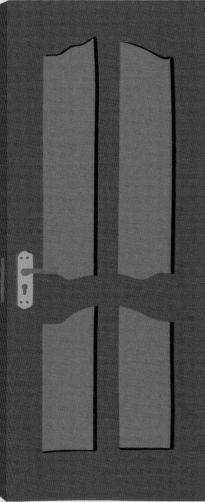

window
fenêtre
(fer-neh-truh)

curtain
rideau
(ree-doh)

tent

---

tente

(ton-t)

church
église
(eh-gleez)

tomato

---

tomate

(toh-mat)

$$\frac{\text{moon}}{\text{lune}}$$

(loon)

stars

étoiles

(eh-twahl)

postcard

carte postale

(kart poh-stahl)

stamp
timbre
(tam-bruh)

boat
---
bateau

(ba-toh)

goodbye
au revoir
(oh ruh-vwar)